大展好書　好書大展
品嘗好書　冠群可期

大展好書　好書大展
品嘗好書　冠群可期

徐震文叢：5

太極拳譜理董　辨偽合編

徐震 著

大展出版社有限公司

序

徐震先生的《太極拳考信錄》，著重于太極拳的形成及衍變的考證，《太極拳譜理董辨偽合編》，則是著重於對太極拳譜的整理及辨偽。二書堪稱姊妹篇。重印者鄧時海讚譽此二書為「考據太極拳史之權威著作」，詢非虛言。

《太極拳譜理董辨偽合編》完成於一九三五年。初版我未見到，今據一九八〇年八月一日香港東亞圖書公司重印本，做些介紹。

《太極拳譜理董辨偽合編》分上下兩篇，上篇是《太極拳譜理董》，理董是整理之意，是對王宗岳、武禹襄、李亦畬三家著述的「理董」。徐氏在《例言》中說：「近日通行太極拳譜，王宗岳原本與武禹襄之著述混

而不分，以致篇名序次，多不可通。茲特析而別之，庶幾怡然理順」。這是作者寫作本書的起因和欲達到的目的。

要目是：

一、王宗岳原譜

作者經過考比，認為舞陽鹽店本所載王宗岳的原作是：1.《太極拳論》；2.《十三勢》；3.《十三勢行功歌訣》；4.《打手要言》；5.《打手歌》五篇。為了節省篇幅，我只寫了每篇題名，內容文字從略。下同。

二、武禹襄著述

1.《長拳十三勢》；2.《十三勢行功心解》：附「又曰」三條，《十三勢行功歌解》十條；3.《身法》（十條）；4.《四字秘訣》；5.《打手撤放》。

三、李亦畬手寫拳譜

1.《山右王宗岳太極拳論》；2.《十三勢架》；3.《身法》；4.《刀法》；5.《槍法》；6.《十三勢一名長拳》；7.《十三勢行功歌訣》；8.《打手要言》，附註「禹襄武氏並識」；9.《打手歌》；10.《打手撤放》。

四、李亦畬手寫著述

1.《太極拳小序》；2.《五字訣》；3.《撤放秘訣》；4.《走架打手行功要言》；5.《太極拳譜跋》。

本書下篇是《太極拳譜辨偽》。

為什麼要對當時社會流行的不同版本的《太極拳譜》予以評論、指出

真偽呢？徐震在本篇《引言》中說：「習拳者，每不審於史實，而附會仙俠，又為流俗所樂聞，其說之傳佈遂廣，為時稍久，聞者轉以可信之史實為異，是又不可不辨也，於是卒論次為《太極拳譜辨偽》一卷，以曉學者焉。」

本篇要目是：

一、辨楊本附註

當時流行的楊派太極拳譜，在《太極拳論》之後，有附註兩條：

1.「此論句句切要在心，並無一字陪襯，非有宿慧，不能悟也。先師不肯妄傳，非獨擇人，亦恐枉費功夫耳。」

2.「右係武當山張三豐先生之遺論，欲天下豪傑延年益壽，不徒作技藝之末也。」

徐氏辨偽說，李亦畬手寫本、廉讓堂本拳譜都沒有這兩條，證明這兩條附註是「楊門學人所加無疑。謂太極拳原於張三豐自此始。」李亦畬《太極拳小序》作於光緒七年（一八八一年），猶云「太極拳不知始自何人」，可見始於張三豐之說，其時尚未盛行。

二、辨杜育萬述蔣發受山西師傳歌訣

一九三二年開封初版之陳鑫遺作《陳氏太極拳圖說》，後附杜育萬述《蔣發受山西師傳歌訣》。對此，徐氏予以辨偽：除首四句四言韻語及後四句七言韻語外，餘皆取武禹襄之文，是依據楊派太極拳譜偽造之作。陳子明曾經說過：「楊氏之學既盛，學者聞其說轉相蹈襲」，可茲佐證。

三、辨乾隆舊抄本及光緒木版本

姜容樵、姚馥春合編之《太極拳講義》書末云：「余與姚君馥春得乾隆時之版本，復得光緒初年之木版書……」《太極拳講義》即據這兩種

版本而作。徐氏對此說予以辨偽，指出該書所載《十三勢行功心解》一文是武禹襄的作品，證明乾隆舊抄本之說是「偽託」之語。至於《太極拳譜》，「清代從未有過刻本，何來光緒木版本乎。」

（文翰按：唐豪先生在研究文章中對姜容樵有乾隆舊抄本、光緒木版本《太極拳譜》之事，也提出過質疑。）

四、辨楊家太極要義本

黃元秀編纂之《楊家太極拳各藝要義》一書，在「一舉動，周身俱皆輕靈……」拳論之前多出「未有天地以前，太空無窮之中……」一段，為楊家舊拳譜所無，當係近人所竄入。

五、辨關百益本

關百益本《太極拳譜》，在《打手歌》之後，多出「行則動，動則變，變則化，化化無窮」數語。徐氏依據黃元秀《楊家太極拳各藝要義》中所載楊健侯「約言」，認為關本是據楊健侯的記述，在傳抄中與《打手歌》混淆在一起。

六、辨許、俞、程、殷之傳

許禹生在《太極拳勢圖解》第五章《太極拳之源流》及李先五《太極拳源流》中都介紹了許宣平的「三世七」太極拳、俞氏的先天拳（亦名長拳）、程靈洗的太極拳術、殷亨利的太極拳術以及張三豐的傳拳狀況。

徐震對此作了詳細的辨偽，認為以上諸說皆出於宋書銘，是「附會古籍，造作師承，偽撰歌譜，以自神其術也。

觀許宣平歌訣，多採用王宗岳拳譜，並襲（用）武禹襄語，其作偽之跡甚明」。徐氏還對許宣平、程靈洗等人的事蹟，依據有關史料做了考證，證明這些人與太極拳沒有關係，並指出宋書銘之太極拳架頗近楊派。

《中央國術館六周年紀念特刊》中所載許宣平之三十七式，李先五《太極拳》第五章所載三十七式名目、動作幾乎全同楊派太極拳，徐氏結論是：「宋書銘之太極，仍為楊氏之傳，特諱其所自來，而作偽以欺人耳。」

七、辨《武當劍太極八卦歸一譜》

《中央國術館六周年紀念特刊》，載有《太極八卦考》一文，說「太極、八卦皆為張三豐一人所發明，即武當劍術，亦完全由太極八卦中所化出。」該文還介紹了張三豐以及歷代傳人。到了第八代「野鶴道人」（一名「避月俠」）傳宋德厚（字唯一，奉天北鎮山人）。避燈俠傳董海川。董海川、宋唯一是第九代。《武當劍太極八卦歸一譜》有宋唯一《序》，說張三豐授張松溪。徐震認為這一說法不僅「與太極拳無涉，即與內家拳之傳說亦不合」。黃宗羲、黃百家、王士禎、《寧波府志》都沒有張三豐直授張松溪的記載。

徐氏又據黃元秀《楊家太極拳各藝要義》蔣馨山《序》云：「甲子秋，余從先師宋唯一受教時，談及太極拳之意義，則不知有太極拳之名。質之演練太極拳者，則不知有武當劍之名。據此，則無論此譜是真是偽，與太極拳本不相涉，以此譜附會太極，尚非宋唯一所為，蓋張驤武、丁齊銳所為耳。」

吳文翰

前言

我的老師徐震先生，是我國早期著名的太極拳史論家，其著作學術價值很高，可惜有的未能出版，有的即使以前出版過，一九四九年以後，大陸地區也未再版，尤其是最著名的《太極拳考信錄》、《太極拳譜理董辨偽合編》，很多內地的太極拳研究者，多是只聞其名，但始終難得一見其面。現在山西科技出版社及大展出版社重印這兩本書，是為太極拳的理論研究，做了一件非常有意義的好事。

本次改版，責成筆者肩負起整理、校定的任務，雖然深感自已年老體衰，才力不逮，但作為徐震先生的學生，我仍願勉為其難，盡力做好這項工作，以慰老師繫於太極拳的一顆拳拳之心。

徐先生的這兩本書，今天能跟內地的讀者見面，實在也不應該忘記現在臺灣的宋今人、洪懋中二位先生。

宋、洪二位先生與徐先生極有淵源。一九二七年，宋先生由其父「依易子而教之義，攜余至武進，拜徐哲東先生為師。從此數十年來，得師訓導與關懷，不敢忘」。洪先生則是最初經宋今人先生的介紹，在南京與徐震先生會過面，嗣後抗戰期間又重會於成都，對於徐先生的治學精神及其拳術的造詣，深致敬佩。

一九三七年春，宋先生任職正中書局，徐先生將已脫稿的《太極拳考信錄》、《太極拳譜理董辨偽合編》二書，交其為之印刷（只印一千冊），並由正中書局總經銷，一時洛陽紙貴，暢銷一時。可惜不久抗日戰爭爆發，此書竟未能再版發行，故流傳不廣，手中有此書者亦甚為珍貴，不肯輕易出以示人。此事一直使宋、洪二位先生遺憾不已。

一九六五年，身在臺灣的洪懋中先生聞蘇紹文先生存有此書，遂建議予以重印，以廣流傳，而當年替徐哲東先生辦理印書出版的宋今人先生，碰巧也在臺灣，並且經營真善美出版社，印行不少有關太極拳的書籍。於是，這兩本書順理成章地由宋先生為之重印發行了。這一番歷經二十七年的曲折，既是一段佳話，亦是一段情緣。我想，今天《太極拳考信錄》、《太極拳譜理董辨偽合編》的問世，再續了師生之間、台海兩地跨越歷史的太極情緣，真的是非常有意義。

關於徐先生這兩本書的價值，洪懋中先生一九六五年在《太極拳考信錄》、《太極拳譜理董辨偽合編》臺灣版的《重印緣由》中說得頗有深意，茲錄如下：

> 此二書不特是研究太極拳具有權威的空前著作，並使讀者有產生如下的觀念：
>
> 一、太極拳所享之盛名，雖為楊露禪在北京所創，但假如沒有武酌堂薦引他往北京教拳，或將埋沒在偏僻之地，何能名成業就，

成為近代太極拳有名的大宗師。讀者除對楊氏苦學的精神及其精粹的武藝，致其景仰外，對於武氏因愛惜人才的一念，而使太極拳成為今日最流行的拳術，誠有功不可沒之感。

二、王宗岳太極拳原譜，為最珍貴的武術遺產，理論高深，精妙無比，但假如不是武秋瀛在河南舞陽縣獲得保存，恐怕早已失傳了。飲水思源，看到王宗岳拳譜，對於保存此拳譜的人，也不禁發生無限的感謝。

三、武禹襄和李亦畬的著述，闡發太極拳的功用，甚有價值，而李亦畬《太極拳小序》，對於太極拳的史實考據亦極有裨益，但後來得到此譜的人，有加以改竄的地方，已失原來面目，以後編纂太極拳書譜的人，復轉相抄襲引用，以致以訛傳訛。徐震《太極拳譜理董辨偽合編》將其考據整理，還其本來面目，讀者可一目了然，明其真相。

或許，徐先生的這兩部著作，其價值還遠不只此，那麼，就讓我們的研究工作，以這兩本書的出版為新的起點吧。

林子清

導 讀

《太極拳譜理董》（以下簡稱《理董》）和《太極拳譜辨偽》（以下簡稱《辨偽》）是一九三七年四月出版的，直到今天仍有很大的參考價值。《理董》的序中說，過去徐先生所看到的傳自永年楊氏的《太極拳譜》中有《太極拳論》、《十三勢歌》、《十三勢行功心解》、《打手》、《太極拳式》等，其中唯有《太極拳論》標明王宗岳作，其餘各篇不知是誰撰寫的。一九三一年從郝月如先生習太極拳，得見李亦畬手寫《太極拳譜》。一九三四年春得河南溫縣陳品三所著《陳氏太極拳圖說》，同年夏得陳品三的族子和學生陳子明的陳氏拳譜舊抄本數種。一九三五年夏又在張士一先生處見到永年李氏《廉讓堂本太極拳譜》，不久又

看到郝月如先生家藏抄本太極拳譜，較李亦畬手寫本多一跋，此跋也是李亦畬撰寫的，說「此譜得諸舞陽縣鹽店……」根據這些拳譜，徐先生析別武禹襄的著作，寫定王宗岳舊譜。至於怎樣析別，則在《太極拳考信錄》中詳述。讀者細讀此序，當會知道徐先生整理拳譜是有根有據的，他治學的態度是很嚴謹的。

細讀他整理過的拳譜，我們可以看出王宗岳原譜的次序含有深意。第一篇《太極拳論》總論體用；第二篇《十三勢》說明運用的方法；第三篇《十三勢行功歌訣》詠頌十三勢；第四篇《打手要言》說明應變的訣竅；第五篇《打手歌》詠頌《打手要言》，說明應變的規則。文義銜接，一氣貫串。由此可見原譜的精簡（詳見《太極拳考信錄》上卷第八篇）。

《例言》第一條說，「近日通行太極拳譜，王宗岳原本與武禹襄之著述混而不分，以致篇題序次，多不可通……」這是那時通行的太極拳譜（即楊氏太極拳譜）的缺點，徐先生根據武氏太極拳譜，把武禹襄的著述和王宗岳原著區別開來，克服了楊氏太極拳譜的缺點。這是個關鍵問題，讀者必須明確。《例言》的其他各條都能幫助讀者深刻理解《太極拳譜》，值得細讀。

現在再談《太極拳譜辨偽》。一九九〇年出版的《中國武術大辭典》對《太極拳譜理董辨偽合編》的評價是：「該書是一本彙集、考辨太極拳譜資料的專集，其考則有據、辨則以理。後世太極拳研習者多參鑒之。」在這本書裏，徐先生辨析了所謂「乾隆舊抄本及光緒木版本」的真偽，指出「太極拳譜清代從未有刻本，何來光緒木版本乎？……」他針對當時流傳最廣的楊氏太極拳譜中，武禹襄的作品和王宗岳的拳論混雜在一起的現象，考明太極拳譜的由來，析別武氏之作。把武禹襄的著述和王宗岳原著區別開來，實在是一大功績，對我們後人進一步認識太極拳理論體系的構建與發展的歷史，有著重要的意義。

徐先生在《辨偽》的《引言》中說：「《太極拳譜辨偽》，本可不

作。何則？凡所辨者，其偽皆顯而易見。如姜容樵所稱乾隆舊本，書中乃有武禹襄之文，則其謬可知矣。……然習拳者，每不審於史實，而附會仙俠，又為流俗所樂聞，其說之傳佈遂廣，為時稍久，聞者轉以可信之史實為異，是又不可不辨也……」

徐先生上面這段話是七十年前說的，而從近年出版的一些太極拳著作中可以看到，七十年前徐先生予以縝密證偽的諸種荒誕之說，在沒有任何新史料予以證實的前提下，仍然隨心所欲地出現於太極拳史和拳譜研究中，誤導著新一代的太極拳愛好者、習練者和研究者。在這種情況下，再版此書，重溫徐先生對七個拳譜真偽的辨析，就有了很重要的現實價值。

在辨析的指導思想和方法上，徐先生為我們提供了範例，細讀此書，看一看徐先生是怎樣用事實來辨別真偽的，相信對廣大讀者，特別是年輕的朋友，將會有所啟迪，藉以提高識別真偽拳譜的能力。

徐先生的《辨偽》一書，以其客觀公正，宣導一種實事求是的良好學風，為《辨偽》一書之後的太極拳研究打下了良好的基礎。後來的研究者，在此基礎上亦不斷取得不同程度的進展和成果。比如，徐先生在《序》中說：「《各勢白話歌》一篇，廉讓堂本有而寫本無，楊氏拳譜中亦無之……今無由質定。」而筆者看過近年吳文翰先生和姚繼祖先生的太極拳著作，知此歌的作者是李亦畬之弟李啟軒，特在此說明。

此外，關於本書，尚有幾點需要說明：

1.王宗岳原譜《太極拳論》中的「虛領頂劤」，「劤」是俗字，已改為「勁」；「立如枰準」的「枰」是「秤」的誤字，沒有改動；十三勢中的「擴」，已改為捋。

2.武禹襄著述《十三勢行功心解》在李亦畬手寫本《武氏太極拳譜》中是《打手要言》。徐先生在《例言》第四條說：「是編既列李寫本全文於後，故於武禹襄之著述，多從楊氏所傳本。以楊氏所傳者，固禹襄之初傳本，其後定本則可於李寫本中得之也。」李亦畬《太極拳小序》作於光

緒辛巳中秋念六日（光緒九年，西元一八八三年九月二十六日），應改為「光緒七年，西元一八八一年」。

《五字訣》的第二條身靈中的「枰彼勁之大小」，枰是秤的誤字，應改正。

林子清

二〇〇六年二月二十四日於上海

目　錄

太極拳譜
理董

太極拳譜理董序

往見太極拳譜，有《太極拳論》、《十三勢歌》、《十三勢行功心解》、《打手歌》、《太極拳式》等，中唯《太極拳論》標王宗岳作，自餘諸篇，不知誰氏所撰。以為此譜傳自永年楊氏，楊氏太極拳學得諸溫縣陳氏，作者殆出於陳氏耶？

於是頗思搜求陳氏舊籍以相參證。其後從郝先生月如習太極拳，得見李亦畬手寫太極拳譜，與楊氏本頗有出入。其身法、刀法、槍法及「打手撒放」八字，則楊本所無者。

自王宗岳《太極拳論》至解曰各章之末，有「武禹襄氏並識」數字，此後方列《打手歌》六句（即「掤攌擠按須認真」六句），及「打手撒

放」八字（即「掤、業、噫、咳、呼、吭、呵、哈」八字）。又疑論出於王宗岳，《十三勢歌》出於陳氏，解則武禹襄所撰，其打手歌六句，或者尚在王宗岳《太極拳論》之前，以論中有「察四兩撥千斤」之句，似徵引《打手歌》也。然終以未見陳氏書，不敢自信。

去歲春，得溫縣陳品三所著《太極拳圖說》，唯太極拳架名目略同。又太極拳著解篇末，有七言韻語兩首各四句，其第一首四句，與譜中《打手歌》略同，其他文字，與譜中各篇，絕不相類，獨圖說之末，附杜育萬補入之歌訣一篇，謂述蔣發受山西師傳者，則與譜中「一舉動」章文辭頗復相合，益疑不能明。

既而，獲交陳君子明，陳子明為品三之族子，曾習拳於品三。予因詢以楊氏太極拳譜，陳溝有之乎？子明曰：「理則有之，文所無也。」吾即以問品三書中杜育萬之說。

則曰：「此因楊氏之學大行，學者聞彼之說，轉相蹈襲，非陳氏所本有，杜氏固今人，未能深考其源也。」

其年夏子明返故里，挾所得舊抄本數種來京，予遍撿其書，亦唯打手歌六句、太極拳架名目及槍法有與郝譜相同者，此外或一字不相犯。

今年夏，自鄂東歸，於張君士一處，得見永年李氏廉讓堂本太極拳譜，文辭一仍禹襄、亦畬之舊，分章編次，乃亦畬、孫槐蔭所為。觀此譜所定武李兩氏之著述，則吾向以為解曰各章皆撰自禹襄，頗近得之。

未幾，月如先生復示余家藏抄本《太極拳譜》，較李氏手寫本多一跋，亦畬所撰，謂此譜得諸舞陽縣鹽店，兼積諸家講論，並參鄙見云云。於是，知王宗岳論不出於陳氏，絕無疑義矣。各章孰為王宗岳舊譜，孰為禹襄所附益，亦可得而言。

王宗岳《太極拳論》其為舊譜，固不待辨。其《打手要言》舊譜僅「內固精神，外示安逸」，及「彼不動，己不動；彼微動，己先動」六句，餘文皆武氏所推演，故亦畬手寫本與武氏所作各章雜廁，廉讓堂本又

以次於王宗岳論之後，蓋亦畬未加區別，槐蔭則有所聞而未審也。

據萇乃周所著書中，論《打手法》有云：「彼不動，我不動；彼欲動，我先動。」又《論出手》又云：「內固精神，外示安逸。」

萇為乾隆間人，不能引武氏之著述，則此六句，非武氏語可知矣。至十三勢架名目，十三刀、十三槍。槍法則皆本諸陳氏，然僅憑口耳相傳，故與陳氏舊譜不免時有歧異。其四刀法或武禹襄所造。至《打手歌》六句，則陳氏得諸王宗岳，而宗岳復有所自來，非出自撰，故於論中徵引及之。而陳氏各譜所記，亦不一致，良由韻語易記，故陳氏僅憑口傳，初未筆之於書，久而漸有歧異也。

「身雖動，心貴靜」一章，「每一動，惟手先著力」一章，確為禹襄所撰。《十三勢歌》，亦出自王宗岳舊譜，故李亦畬以歌辭與解說互證也。其歌辭解說互證者十條，亦畬寫本，在禹襄所作各章中，自可依據，廉讓堂本，編入亦畬著述內，則槐蔭之誤也。

「敷蓋對吞」四字秘訣，手寫本無之，廉讓堂本以為禹襄作，此當可信。《十三勢》一章（廉讓堂本作太極拳釋名，此必槐蔭所改定），身法八目，陳氏舊譜所無，亦武氏所記。

「打手撒放」八字，亦武氏自記心得，唯《各勢白話歌》一篇，廉讓堂本有而寫本無，楊氏拳譜中亦無之，月如先生謂是其父為真作，廉讓堂本則不言誰氏作，今無由質定，要非王宗岳譜中所有也。然則楊氏拳譜，取諸武氏，無可疑矣。

楊氏何以能得諸武氏，且何以肯用武氏書，則以禹襄初曾學於楊露禪，露禪之子班侯，又曾受學於禹襄，露禪至北京授技，為禹襄之兄酉堂所引薦，故兩家之學相流通也。然則今楊氏所傳本與李氏手寫本大異，何也。曰：楊氏所得，乃武氏初定本，李氏手寫本或後來之改訂本，或間有李氏所竄入者，亦未可知。

楊氏本中以太極拳論為張三豐之緒言，何也？曰，此蓋楊氏之徒，聞

內家外家之說，而王宗岳之名，又適與王宗相似，故附會之也。

觀亦畬《五字訣》序，言太極拳不知始於何人，絕不稱道張三豐，陳氏舊譜亦無出於張三豐之說，則知張三豐之說，出於楊氏之徒，而非武氏所及知，無論陳氏矣。

余既考明太極拳譜之由來，因析別武氏之作，寫定王氏舊譜，以便觀省，其諸析別之由，具在《太極拳考信錄》，茲不詳也。

中華民國二十四年十一月十五日徐震撰

例言

一、近日通行太極拳譜，王宗岳原本與武禹襄之著述混而不分，以致篇題序次，多不可通。茲特析而別之，庶幾怡然理順。

二、分辨王氏原譜與武氏之著述，具在序中，覽者更欲求詳，可觀拙著《太極拳考信錄》。

三、外間太極拳譜多由楊氏傳出，武、李之書，見者尚希，故特將李亦畬手寫本《太極拳譜》及其自著之文，全行收入，以便學者之考覽。

四、是編既列李寫本全文於後，故于武禹襄之著述，多從楊氏所傳本，以楊氏所傳者，固禹襄之初改本，其後定本則可于李寫本中得之也。

五、武氏於拳譜竄改不止一次，即如出於楊氏拳譜中之十三勢，他本大都相同，惟劉彩臣本獨異，似劉本猶存最初竄益之跡。故取劉本，而以

他本之文附錄於後焉。

六、《十三勢行功歌解》十條，與楊氏所傳本「以心行氣」一章，語多重複，蓋禹襄先成十條，後乃連綴成篇也。既連綴成篇，故刪去十條矣。及亦畬寫拳譜時，蓋以為不盡相同，與後定本尤多出入，故復抄納，今以此十條，既為武氏之著述，故仍附存於《十三勢行功心解》之後。

七、身法八目，廉讓堂本較手寫本多「鬆肩、沉肘」二事，今據補入。

八、四字秘訣，獨見於廉讓堂本，今輯入。

九、「打手撒放」八字，雖已見於李寫本，以彙集武禹襄之著述，不可遺之，故仍錄入。

十、亦畬《太極拳譜·跋》有關太極拳譜之來歷，今亦抄列於手寫本之後。

十一、各篇文字擇善而從，所從之本不註，以免繁冗。學者欲知其審，可觀《太極拳考信錄》。

王宗岳原譜

太極拳論

太極者，無極而生，陰陽之母也。動之則分，靜之則合。無過不及，隨屈就伸。人剛我柔謂之走，我順人背謂之粘。動急則急應，動緩則緩隨。雖變化萬端，而理唯一貫。由著熟而漸悟懂勁，由懂勁而階及神明，然非用力之久，不能豁然貫通焉。

虛領頂勁，氣沉丹田；不偏不倚，忽隱忽現。左重則左虛，右重則右杳。仰之則彌高，俯之則彌深；進之則愈長，退之則愈促。一羽不能加，蠅蟲不能落。人不知我，我獨知人。英雄所向無敵，蓋皆由此而及也。斯技旁門甚多，雖勢有區別，概不外壯欺弱、慢讓快耳。有力打無力，手慢

讓手快，是皆先天自然之能，非關學力而有也。

察四兩撥千斤之句，顯非力勝。觀耄耋禦眾之形，快何能為？立如秤準，活似車輪，偏沉則隨，雙重則滯。每見數年純功不能運化者，率皆自為人制，雙重之病未悟耳。欲避此病，須知陰陽。粘即是走，走即是粘。陽不離陰，陰不離陽，陰陽相濟，方為懂勁。懂勁後，愈練愈精，默識揣摩，漸至從心所欲。本是捨己從人，多誤捨近求遠。所謂差之毫釐，謬之千里，學者不可不詳辨焉。是為論。

十三勢

十三勢者，掤、攦、擠、按、採、挒、肘、靠、進、退、顧、盼、定也。

十三勢行功歌訣

十三總勢莫輕視，命意源頭在腰隙。變轉虛實須留意，氣遍身軀不稍癡。

靜中觸動動猶靜，因敵變化是神奇。勢勢存心揆用意，得來不覺費工夫。

刻刻留心在腰間，腹內鬆靜氣騰然。尾閭中正神貫頂，滿身輕利頂頭懸。

仔細留心向推求，屈伸開合聽自由。入門引路須口授，工用無息法自休。

若言體用何為準，意氣君來骨肉臣。詳推用意終何在，益壽延年不老春。

歌兮歌兮百四十，字字真切義無疑，若不向此推求去，枉費工夫遺嘆

惜。

打手要言

內固精神，外示安逸。

彼不動，己不動；彼微動，己先動。

打手歌

掤攦擠按須認真，　上下相隨人難進。

任他巨力來打我，　牽動四兩撥千斤。

引進落空合即出，　沾連黏隨不丟頂。

武禹襄著述

長拳十三勢

長拳者，如長江大海，滔滔不絕也。

十三勢者，掤、擺、擠、按、採、挒、肘、靠、進、退、顧、盼、定也。掤、擺、擠、按，四正方也；採、挒、肘、靠，四隅也；進、退、顧、盼、定，即進步、退步、左顧、右盼、中定也。

震按：別本於十三勢云：十三勢者，掤、擺、擠、按、採、挒、肘、靠，此八卦也。進步、退步左顧、右盼中定，此五行也。掤、擺、擠、按，即乾、坤、坎、離，四正方也。採、挒、肘、靠，即巽、震、兌、艮，四斜角也，進、退、顧、盼、定，即金、木、水、火、土也。

十三勢行功心解

解曰：以心行氣，務令沉著，乃能收斂入骨，以氣運身，務令順遂，乃能便利從心。精神能提得起，則無遲重之虞，所謂「頂頭懸」也。意氣須換得靈，乃有圓活之趣，所謂「變動虛實」也。發勁須沉著鬆淨，專主一方。立身須中正安舒，支撐八面。行氣如九曲珠，無微不到（原注：氣遍身軀之謂）。運勁如百煉鋼，何堅不摧。形如搏兔之鶻，神如捕鼠之貓。靜如山岳，動若江河。蓄勁如開弓，發勁如放箭。曲中求直，蓄而後發。力由脊發，步隨身換。收即是放，連而不斷。往復須有折疊，進退須有轉換。極柔軟，然後極堅剛。能呼吸，然後能靈活。氣以直養而無害，勁以曲蓄而有餘。心為令，氣為旗，腰為纛。先求開展，後求緊湊，乃可臻於縝密矣。

又曰：先在心，後在身，腹鬆，氣斂入骨，神舒體靜，刻刻在心。切記，一動無有不動，一靜無有不靜；牽動往來氣貼背，斂入脊骨。內固精神，外示安逸。邁步如貓行，運勁如抽絲。全身意在精神，不在氣，在氣則滯。有氣者無力，養氣者純剛，氣若車輪，腰如車軸。

又曰：彼不動，己不動；彼微動，己先動。似鬆非鬆，將展未展，勁斷意不斷。

又曰：一舉動周身俱皆輕靈，尤須貫串。氣宜鼓盪，神宜內斂，無使有缺陷處，無使有凹凸處，無使有斷續處。其根在腳，發於腿，主宰於腰，形於手指。由腳而腿而腰，總須完整一氣，向前退後，乃得機得勢。有不得機得勢處，身便散亂，其病必於腰腿求之，上下前後左右皆然。凡此皆是意，不在外面。有上即有下，有前即有後，有左即有右。如意要向上，即寓下意，若將物掀起，而加以挫之之意，斯其根自斷，乃壞之速而無疑。

虛實須分清楚，一處有一處虛實，處處總此一虛實，周身節節貫串，

無令絲毫間斷。

震按：尚有十三勢行功歌解十條，錄如下。

解曰：以心行氣，務沉著，乃能收斂入骨（所謂命意源頭在腰隙也）。

意氣須換得靈，乃有圓活之趣（所謂變轉虛實須留意也）。

立身中正安舒，支撐八面，行氣如九曲珠，無微不到（所謂氣遍身軀不稍癡也）。

發勁須沉著鬆淨，專主一方（所謂靜中觸動，動猶靜也）。

往復須有折疊，進退須有轉換（所謂因敵變化是神奇也）。

曲中求直，蓄而後發（所謂勢勢存心揆用意，刻刻留心在腰間也）。

精神提得起，則無遲重之虞（所謂腹內鬆靜氣騰然也）。

虛靈頂勁，氣沉丹田，不偏不倚（所謂尾閭中正神貫頂，滿身輕利頂頭懸也）。

以氣運身，務順遂，乃能便利從心（所謂屈伸開合聽自由也）。心為令，氣為旗，神為主帥，身為驅使（所謂意氣君來骨肉臣也）。

身法

涵胸，拔背，裹襠，護肫，提頂，吊襠，鬆肩，沉肘，騰挪，閃戰

四字秘訣

敷：敷者，運氣於己身，敷布彼勁之上，使不得動也。

蓋：蓋者，以氣蓋彼來處也。

對：對者，以氣對彼來處，認定準頭而去也。

吞：吞者，以氣全吞而入於化也。

此四字無形無聲，非懂勁後，練到極精地位者，不能知，全是以氣言。能直養其氣而無害，始能施於四體，四體不言而喻矣。

打手撒放

掤（上平），業（入聲），噫（上聲），咳（入聲），呼（上聲），吭，呵，哈。

李亦畬手寫本《武氏太極拳譜》

山右王宗岳太極拳論

太極者，無極而生，陰陽之母也。動之則分，靜之則合。無過不及，隨屈就伸。人剛我柔謂之走，我順人背謂之粘；動急則急應，動緩則緩隨。雖變化萬端，而理唯一貫。由著熟而漸悟懂勁，由懂勁而階及神明，然非用力之久，不能豁然貫通焉。

虛領頂勁，氣沉丹田，不偏不倚，忽隱忽現。左重則左虛，右重則右杳。仰之則彌高，俯之則彌深；進之則愈長，退之則愈促。一羽不能加，蠅蟲不能落；人不知我，我獨知人，英雄所向無敵，蓋皆由此而及也。

斯技旁門甚多，雖勢有區別，概不外壯欺弱、慢讓快耳。有力打無力，手慢讓手快，是皆先天自然之能，非關學力而有也。察四兩撥千斤之句，顯非力勝；觀耄耋禦眾之形，快何能為？立如秤準，活似車輪，偏沉則隨，雙重則滯。每見數年純功，不能運化者，率皆自為人制，雙重之病未悟耳。欲避此病，須知陰陽。粘即是走，走即是粘。陽不離陰，陰不離陽，陰陽相濟，方為懂勁。懂勁後，愈練愈精，默識揣摩，漸至從心所欲。本是捨己從人，多誤捨近求遠，所謂差之毫釐，謬之千里，學者不可不詳辨焉。是為論。

十三勢架

懶紥衣　單鞭　提手上勢　白鵝亮翅　摟膝拗步　手揮琵琶勢　摟膝拗步　手揮琵琶勢　上步搬攬捶　如封似閉　抱虎推山　單鞭　肘底看捶

倒輦猴　白鵝亮翅　摟膝拗步　三甬背　單鞭　紜手　高探馬　左右起腳　轉身踢一腳　踐步打捶　翻身二起　披身踢一腳　蹬一腳　上步搬攬捶　如封似閉　抱虎推山　斜單鞭　野馬分鬃　單鞭　玉女穿梭　單鞭

紜手　下勢更雞獨立　倒輦猴　白鵝亮翅　摟膝拗步　三甬背　單鞭　紜手　高探馬　十字擺連　上步指襠捶　單鞭　上步七星　下步跨虎　轉腳擺連　彎弓射虎　雙抱捶　手揮琵琶勢

身法

涵胸　拔背　裹襠　護肫　提頂　吊襠　騰挪　閃戰

刀法

裏剪腕　外剪腕　挫腕　撩腕

槍法

平刺心窩　斜刺膀尖　下刺腳面　上刺鎖項

十三勢（一名長拳）

長拳者，如長江大海，滔滔不絕也。

十三勢者，掤、攦、擠、按，採、挒、肘、靠，進、退、顧、盼、定也。

掤、攦、擠、按，即坎、離、震、兌四正方也；採、挒、肘、靠，即乾、坤、艮、巽四斜角也，此八卦也。進步、退步、左顧、右盼、中定，

即金、木、水、火、土也，此五行也。合而言之，曰十三勢。

十三勢行功歌訣

十三總勢莫輕識，命意源頭在腰隙。變轉虛實須留意，氣遍身軀不稍癡。靜中觸動動猶靜，因敵變化是神奇。勢勢存心揆用意，得來不覺費工夫。刻刻留心在腰間，腹內鬆靜氣騰然。尾閭中正神貫頂，滿身輕利頂頭懸。仔細留心向推求，屈伸開合聽自由。入門引路須口授，工用無息法自休。若言體用何為準，意氣君來骨肉臣。詳推用意終何在，益壽延年不老春。歌兮歌兮百四十，字字真切義無疑，若不向此推求去，枉費功夫遺嘆惜。

打手要言

解曰：以心行氣，務沉著，乃能收斂入骨（所謂命意源頭在腰隙也）。

意氣須換得靈，乃有圓活之趣（所謂變轉虛實須留意也）。

立身中正安舒，支撐八面。行氣如九曲珠，無微不到（所謂氣遍身軀不稍癡也）。

發勁須沉著鬆靜，專主一方（所謂靜中觸動，動猶靜也）。

往復須有折疊，進退神有轉換（所謂因敵變化是神奇也）。

曲中求直，蓄而後發（所謂勢勢存心揆用意，刻刻留心在腰間也）。

精神提得起，則無遲重之虞（所謂腹內鬆靜氣騰然也）。

虛領頂勁，氣沉丹田，不偏不倚（所謂尾閭中正神貫頂，滿身輕利頂頭懸也）。

以氣運身，務順遂，乃能便利從心（所謂屈伸開合聽自由也）。

心為令，氣為旗，神為主帥，身為驅使（所謂意氣君來骨肉臣也）。

解曰：身雖動，心貴靜，氣須斂，神宜舒。心為令，氣為旗，神為主

帥，身為驅使。刻刻留意，方有所得。先在心，後在身，在身則不知手之舞之，足之蹈之。

所謂，捨己從人，引進落空，四兩撥千斤也。須知一動無有不動，一靜無有不靜；視動猶靜，視靜猶動；內固精神，外示安逸。須要從人，不要由己；從人則活，由己則滯。尚氣者無力，養氣者純剛。彼不動，己不動；彼微動，己先動。以己依人，務要知己，乃能隨轉隨接；以己粘人，必須知人，乃能不後不先。

精神能提得起，則無雙重之虞；粘依能跟得靈，方見落空之妙。往復須分陰陽，進退須有轉合，機由己發，力從人借。發勁須上下相隨，乃一往無敵；立身須中正不偏，能八面支撐。靜如山岳，動若江河。邁步如臨淵，運勁如抽絲，蓄勁如張弓，發勁如放箭。行氣如九曲珠，無微不到；運勁如百煉鋼，何堅不摧。形如搏兔之鵠，神如捕鼠之貓。曲中求直，蓄而後發。收即是放，連而不斷。極柔軟，然後能極堅剛；能粘依，然後能靈活。氣以直養而無害，勁以曲蓄而有餘。漸至物來順應，是亦知止能得矣。

又曰：

先在心，後在身，腹鬆，氣斂入骨，神舒體靜，刻刻在心。切記。一動無有不動，一靜無有不靜。視靜猶動，視動猶靜。動牽往來氣貼背，斂入脊骨，要靜。內固精神，外示安逸。邁步如貓行，運勁如抽絲。全身意在蓄神，不在氣，在氣則滯。有氣者無力，無氣者純剛。氣如車輪，腰如車軸。

又曰：

彼不動，己不動；彼微動，己先動。似鬆非鬆，將展未展，勁斷意不斷。

又曰：

每一動，唯手先著力，隨即鬆開，猶須貫串，不外起承轉合。始而意

動，既而勁動，轉接要一線串成。氣宜鼓蕩，神宜內斂，無使有缺陷處，無使有凹凸處，無使有斷續處。其根在腳，發於腿，主宰於腰，形於手指。由腳而腿而腰，總須完整一氣，向前退後，乃得機得勢。有不得機得勢處，身便散亂，必至偏倚，其病必於腰腿求之，上下前後左右皆然。凡此皆是意，不是外面。有上即有下，有前即有後，有左即有右。如意要向上，即寓下意，若物將掀起，而加以挫之之力，斯其根自斷，乃壞之速而無疑。虛實宜分清楚，一處自有一處虛實，處處總此一虛實，周身節節貫串，勿令絲毫間斷。

禹襄武氏並識

打手歌

掤攌擠按須認真，上下相隨人難進。任他巨力來打我，牽動四兩撥千斤。引進落空合即出，粘連黏隨不丟頂。

打手撒放

掤（上平），業（入聲），噫（上聲），咳（入聲），呼（上聲），吭，呵，哈。

李亦畬手寫著述

太極拳小序

太極拳，不知始自何人，其精微巧妙，王宗岳論詳且盡矣。後傳至河南陳家溝陳姓，神而明者，代不數人。我郡南關楊某，愛而往學焉。專心致志，十有餘年，備極精巧。旋里後，市諸同好。母舅武禹襄見而好之，常與比較，伊不肯輕以授人，僅能得其大概。素聞豫省懷慶趙堡鎮有陳姓

名清平者，精於是技。逾年，母舅因公赴豫省，過而訪焉。研究月餘，而精妙始得，神乎技矣。予自咸豐癸丑，年二十餘，始從母舅學習此技，口授指示，不遺餘力，奈予質最魯，廿餘年來，僅得皮毛。竊意其中更有精巧，茲僅以所得筆之於後，名曰「五字訣」，以識不忘所學云。

光緒辛巳中秋念六日亦畬氏謹識

五字訣

一曰心靜

心不靜則不專，一舉手，前後左右全無定向，故要心靜。起初舉動未能由己，要悉心體認，隨人所動，隨屈就伸，不丟不頂，勿自伸縮。彼有力我亦有力，我力在先；彼無力我亦無力，我意仍在先。要刻刻留心，挨何處，心要用在何處，須向不丟不頂中討消息。從此做去，一年半載，便能施於身。此全是用意，不是用勁，久之則人為我制，我不為人制矣。

二曰身靈

身滯則進退不能自如，故要身靈。舉手不可有呆像，彼之力方礙我皮毛，我之意已入彼骨裏。兩手支撐，一氣貫串。左重則左虛，而右已去，右重則右虛，而左已去。氣如車輪，周身俱要相隨，有不相隨處，身便散亂，便不得力，其病於腰腿求之。先以心使身，從人不從己。後身能從心，由己仍是從人。由己則滯，從人則活。能從人，手上便有分寸，秤彼勁之大小，分厘不錯；權彼來之長短，毫髮無差。前進後退，處處恰合，工彌久而技彌精矣。

三曰氣斂

氣勢散漫，便無含蓄，易散亂，務使氣斂入脊骨。呼吸通靈，周身罔間。吸為合為蓄，呼為開為發，蓋吸則自然提得起，亦拿得人起；呼則自然沉得下，亦放得人出。此是以意運氣，非以力使氣也。

四曰勁整

一身之勁練成一家，分清虛實。發勁要有根源，勁起於腳跟，主於腰間，形於手指，發於脊背。又要提起全副精神，於彼勁將出未發之際，我勁已接入彼勁，恰好不後不先，如皮燃火，如泉湧出。前進後退，絲毫不亂，曲中求直，蓄而後發，方能隨手奏效。此謂借力打人，四兩撥千斤也。

五曰神聚

上四者俱備，才歸神聚。神聚則一氣鼓鑄，鍊氣歸神，氣勢騰挪，精神貫注，開合有致，虛實清楚。左虛則右實，右虛則左實。虛非全然無力，氣勢要有騰挪，實非全然占煞，精神要貴貫注。緊要全在胸中腰間運化，不在外面。力從人借，氣由脊發。胡能氣由脊發？氣向下沉，由兩肩收於脊骨，注於腰間，此氣之由上而下也，謂之合。由腰形於脊骨，布於兩膊，施於手指，此氣之由下而上也，謂之開。合便是收，開即是放，懂得開合，便知陰陽。到此地位，工用一日，技精一日，漸至從心所欲，罔不如意矣。

撤放秘訣

擎　引　鬆　放

擎起彼身借彼力（中有靈字），引到身前勁始蓄（中有斂字），
鬆開我勁勿使屈（中有靜字），放時腰腳認端的（中有整字）。

走架打手行功要言

昔人云：能引進落空，能四兩撥千斤；不能引進落空，不能四兩撥千斤。語甚賅括，初學末由領悟，予加數語以解之，俾有志斯技者，得所從入，庶日進有功矣。欲要引進落空，四兩撥千斤，先要知己知彼。欲要知

己知彼，先要捨己從人。欲要捨己從人，先要得機得勢。欲要得機得勢，先要周身一家。欲要周身一家，先要周身無缺陷。欲要周身無缺陷，先要神氣鼓盪。欲要神氣鼓盪，先要提起精神，神不外散。欲要神不外散，先要神氣收斂入骨。欲要神氣收斂入骨，先要兩股前節有力，兩肩鬆開，氣向下沉。勁起於腳跟，變換在腿，含蓄在胸，運動在兩肩，主宰在腰，上於兩膊相繫，下於兩腿相隨。

勁由內換，收便是合，放即是開。靜則俱靜，靜是合，合中寓開；動則俱動，動是開，開中寓合。觸之則旋轉自如，無不得力，才能引進落空，四兩撥千斤。平日走架是知己工夫，一動勢先問自己，周身合上數項不合，少有不合，即速改換，走架所以要慢不要快。打手是知人工夫，動靜固是知人，仍是問己，自己安排得好，人一挨我，我不動彼絲毫，趁勢而入，接定彼勁，彼自跌出。如自己有不得力處，便是雙重未化，要於陰陽開合中求之。所謂知己知彼，百戰百勝也。

李亦畬《太極拳譜・跋》

此譜得於舞陽縣鹽店，兼積諸家講論，並參鄙見，有者甚屬寥寥。間有一二有者，亦非全本，自宜重而珍之，切勿輕以予人。非私也。知音者少；可予者，其人更不多也，慎之，慎之。

光緒辛巳中秋念三日，亦畬氏書

太極拳譜辨偽

引言

太極拳譜辨偽，本可不作。何則？凡所辨者，其偽皆顯而易見。如姜容樵所稱《乾隆舊本》，書中乃有武禹襄之文，則其謬可知矣。又如丁齊銳所傳《武當劍太極八卦歸一譜》，謂張三豐親傳張松溪，不特與太極拳之淵源不合，與內家拳之傳說亦乖，則其妄可知矣。其餘荒誕訛誤，大率類是，明者一望即曉，無俟多辨，故曰，本可不作也。然習拳者每不審於史實，而附會仙俠，又為流俗所樂聞，其說之傳佈遂廣。為時稍久，聞者轉以可信之史實為異，是又不可不辨也。於是卒論次為《太極拳譜辨偽》一卷，以曉學者焉。

民國二十五年十月哲東識

一、辨楊本附注

楊本《太極拳論》後附注兩條

此論句句切要在心，並無一字陪襯，非有夙慧，不能悟也。先師不肯妄傳，非獨擇人，亦恐枉費工夫耳。

右係武當山張三豐先師遺論，欲天下豪傑，延年益壽，不徒作技藝之末也。

辯曰：李亦畬手寫本無之，廉讓堂本亦無，可見武氏譜中，無此附注，其為楊門學人所加無疑。謂太極拳源於張三豐自此始。當李亦畬作太極拳小序時，為光緒辛巳，即光緒七年。猶云，太極拳不知始自何人，可見始於張三豐之說，其時尚未大行。則此說之起，不過在光緒間也。

二、辨杜育萬述蔣發受山西師傳歌訣

杜育萬述蔣發受山西師傳歌訣

筋骨要鬆，皮毛要攻，節節貫串，虛靈在中。

舉步輕靈神內斂，舉步周身要輕靈，尤須貫串，氣宜鼓盪，神宜內斂。莫教斷續一氣研。勿使有凸凹處，勿使有斷續處，其根在腳，發於腿，主宰在腰，形於手指。由腳而腿而腰，總須完整一氣，向前退後，乃得機得勢。有不得機得勢處，其病必於腰腿間求之。

左宜右有虛實處，虛實宜分清楚，一處有一處虛實，處處總此一虛實。上下前後左右皆然。

意上寓下後天還。凡此皆是意，不在外面，有上即有下，有前即有

後，有左即有右。如意要向上，即寓下意，若將物掀起，而加以挫之之力，則其根自斷，必其壞之速而無疑。總之周身節節貫串，勿令絲毫間斷耳。

辯曰：此文見陳鑫品三所著《陳氏太極拳圖說‧附錄》之末。除首四句四言韻語，及後四句七言韻語外，餘皆取武禹襄文，其為楊氏拳譜流傳後所偽造者的然無疑。陳君子明云：「楊氏之學既盛，學者聞其說，轉相蹈襲，信矣。」

三、辨乾隆舊抄本及光緒木版本

太極拳譜釋義

震按，此篇為姜容樵所著《太極拳講義》第十章，茲僅錄拳譜中較楊本多出之文，姜氏附入之語及湯士林之釋義皆不錄。

歌訣一

順項貫頂兩膀鬆，束烈下氣把襠撐。胃音開勁兩捶爭，五指抓地上彎弓。

虛靈頂勁，氣沉丹田，提頂調襠，心中力量。兩背鬆，然後窒，開合按勢懷中抱。七星勢，視如車輪，柔而不剛。

震按，以下為「彼不動，己不動；彼微動，己意已動」，四句為一節。四句下即「由腳而腿」至「步步要滑齊」。

由腳而腿，由腿而身，練如一氣，如轉鶻之鳥，如貓擒鼠。發動如弓發矢，正其四體，步履要輕隨，步步要滑齊。

歌訣二

舉動輕靈神內斂，莫教斷續一氣研。左宜右有虛實處，意上寓下後天還。

還。

震按，以下為「一舉動」至「無令絲毫間斷耳」。文與楊譜同，不錄。

歌訣三

拿住丹田鍊內功，哼哈二氣妙無窮；動分靜合屈伸就，緩應急隨理貫通。

拿住丹田之氣，鍊住元形，能打哼哈二氣。

震按，以下為王宗岳《太極拳論》，自「太極者，無極而生」，至「不能豁然貫通焉」。文與楊譜同，不錄。

良。

歌訣四

忽隱忽現進則長，一羽不加至道藏；手慢手快皆非似，四兩撥千運化良。

震按，以下為《太極拳論》之下半篇，自「不偏不倚」，至「學者不可不詳辨焉」。以下又繼以「此論句句切要」，至「亦恐枉費工夫耳」一段附注，文與楊譜同，不錄。

震又按，《太極拳論》「不能豁然貫通焉」下，尚有「虛領頂勁，氣沉丹田」兩句。此譜既將《太極拳論》分成兩篇，又將「虛靈頂勁，氣沉丹田」兩句插於歌訣一之後，故此處獨少此兩句也。

歌訣五

掤握擠按四方正，採挒肘靠斜角成；乾坤震兌乃八卦，進退顧盼定五行。

震按，以下即「長拳者，如長江大河滔滔不絕」也三句。

十三勢

震按，此篇即「十三勢者」至「水火金木土也」一篇。文與楊本同，不錄。

十三勢歌訣六

氣貼背後，斂入脊骨，靜動全身，意在蓄神，不在聚氣，在氣則滯。

內三合與外三合。

震按，此兩節之前，即「十三總勢莫輕視」至「枉費工夫貽歎息」二十四句。文與楊譜同，不錄。

二十字訣

披閃擔搓歉，黏隨拘拿扳，軟掤摟摧掩，撮墜續擠攤。

骨節自對，開勁攀梢為陽，合披坑窯相照，分陰陽之義；開合引進落空，分寬窄老嫩，入筍不入筍，有擎靈之意。斤對斤，兩對兩，不丟不頂，五指緊聚，六節表正，七節要合，八節要扣，九節要長，十節要活，十一節要靜，十二節抓地。三尖相照，上照鼻尖，中照手尖，下照足尖，能顧元氣，不跪不滯，妙會其熟，牢牢心記。能以手望槍，不動如山，動如雷霆，數十年工夫皆言無敵，果然信乎。高打高顧，低打低應；進打進乘，退打退跟，緊緊相隨，升降未定，沾黏不脫，拳打立根。

十三勢行功心解

震按，此篇自「以心行氣」，至「進退須有轉換」。文同楊譜，不

錄。

行。

歌訣七

極柔即剛極虛靈，運若抽絲處處明；開展緊湊乃縝密，待機而動如貓行。

震按，以下為「極柔軟，然後極堅剛」，至「乃可臻於縝密矣」，即《行功心解・以心行氣》一篇之下半篇。以下「又曰，先在心」，至「腰如車軸」一篇。腰如車軸下，直接接以「似鬆非鬆，將展未展，勁斷意不斷，藕斷絲亦連」四句。此四句中上三句，武、楊之譜，皆在「彼不動」四句之下，此本獨分割兩處，「藕斷絲亦連」一句，則陳秀峰所加，已經唐豪考明。

震又按，姜氏書中第九章為《打手說》，故打手歌六句，列入第九章，不在拳譜之內。

辯曰：右文見於姜容樵、姚馥春合編之《太極拳講義》，謂據乾隆時舊本及光緒木版本也。今按姜容樵本既有《十三勢行功心解》之文，即為出於武禹襄以後之證，乃云乾隆時舊本，已堪大噱。至《太極拳譜》，清代從未有刻本，何來光緒木版本乎？此實誣妄之尤者矣。至於二十字訣後之文，顯為出於習形意者之手筆。按姜氏之太極，出於許占鰲，許氏為形意拳師郭雲深之徒，則此等竄入之文，大抵出於許氏也。

四、辨楊家太極拳要義本

《楊家太極拳各藝要義》，「一舉動」章前多出之文：

未有天地以前，太空無窮之中，渾然一氣，乃為無極。無極之虛氣，即為太極之理氣，太極之理氣，即為天地之根荄。化生人物，始初皆屬化生，一生之後，化生者少，形生者多。譬如木中生蟲，人之生虱，皆是化

生，若無身上的汗氣，木無朽氣，哪裡得這根荄？可見太極的理氣，就是天地根荄之領袖也。

震按，此下有「此處疑有遺漏」六字，在括弧內，以下接「一舉動」章。

辯曰：上文見黃元秀文叔所編纂之《楊家太極拳各藝要義》，楊家舊傳之譜，均無此一節，此節之文，當為近人所竄入。

五、辨關百益本

關百益本《打手歌》後多出之文。

又曰：行則動，動則變，變則化，化化無窮。

辯曰：右數句據黃文叔《楊家太極拳要義》，有楊鏡湖先生約言兩條（鏡湖即健侯）。其第一條曰：「輕則靈，靈則動，動則變，變則化。」其第二條曰：「又曰，彼不動，我不動；彼微動，我先動。似鬆非鬆，將展未展，勁斷意不斷。此語非熟練心悟不能領會也。」觀此，則關本此數語，實出於楊健侯記述者，未加區分，再更傳抄，彌難辨識，遂以為舊譜之文，此非有意作偽，直由混淆未別，致有誤耳。

六、辨許、俞、程、殷之傳

震按，許、俞、程、殷四家太極拳之傳，詳於許龗厚《太極拳勢圖解》中，其拳譜則見於李先五之《太極拳》一書中，茲分別錄之於後。

許龗厚《太極拳勢圖解》第五章「太極拳之流派」。

自伏羲畫卦，闡明陰陽，而太極之理，已寓於其中。嗣更命陰康作大舞，以宣導湮鬱。黃帝作《內經》，採按摩導引諸法，均本太極之理，為無形式之運動。華佗本莊子吐故納新，熊經鳥申，作《五禽經》，以授吳普，是時已開姿勢運動之先河矣。唐許宣平（許先師江南徽州府歙縣人，隱城陽山，結廬南陽，辟穀不食，身長七尺六寸，髯長至臍，髮長至足，

行如奔馬。唐時每負薪賣於市中獨吟曰：「負薪朝出賣，沽酒日夕歸。借問家何處，穿雲入翠微。」李白訪之不遇，為題詩於望仙橋云）所傳太極拳術名三世七，因只三十七勢而得名。其教練之法，為單勢教練，令學者一勢練熟，再授一勢，要確定拳路，功成後各勢自能互相連貫，相繼不斷，故又謂之長拳。其要訣有八字歌、心會論、周身大用論、十六關要論、功用歌，傳宋遠橋。

俞氏（江南寧國府涇縣人）所傳之太極拳，名先天拳，亦名長拳，得唐李道子之傳（江南安慶人）。李居武當山南岩宮，不火食，第日啖麥麩數合，人稱之為夫子李云。俞氏所傳之人，可知者有俞清慧、俞一誠、俞蓮舟、俞岱岩等。

程氏太極拳術，始自程靈洗（字元滌，江南徽州府人。侯景之亂，唯歙州得保全者，皆靈洗力。梁元帝授以本郡太守，卒諡忠壯），其拳術得之於韓拱月，傳至程珌（紹興中進士，授昌化主簿，累官禮部尚書，拜翰林院學士，追封新安郡侯，端明殿學士，致仕，精易理，著有《洛水集》），改名小九天。共十四勢，有用功五志、四性歸原歌。

殷利亨所傳之太極拳術，名後天法，傳胡鏡子（揚州人）。胡鏡子傳宋仲殊（安州人，嘗遊姑蘇台。柱上倒書一絕云：天長地久任悠悠，你既無心我亦休。浪跡天涯人不管，春風吹笛酒家樓）。其式法十七，多屬肘法，雖其勢法名目不同，而其用則一也。

張三豐名通，字君實，遼陽人，元季儒者，善書畫，工詩詞。中統元年，曾舉茂才異等，任中山博陵令。慕葛稚州之為人，遂絕意仕進。遊寶雞山中，有三山峰，挺秀倉潤可喜，因號三峰子。世之傳三峰先生者，不下十數，均未言其善拳術。洪武初，召之入朝，路阻武當。夜夢玄武大帝授以拳法，且以破賊，故名其拳曰武當派，或曰內家拳。內家者，儒家之意，所以別於方外也。又因八門五步為此拳中之要訣，故名十三式，言十三法也。後世誤解以為姿勢之勢，則謬矣。傳張松溪、張翠山。先是宋遠

橋與俞蓮舟、俞岱岩、張松溪、張翠山、殷利亨、莫谷聲等七人為友，往來金陵之地，尋同往武當山，訪夫子李先生不遇，適經玉虛宮，晤三峰先生，七人共拜之，耳提面命者月餘而歸，自後不絕往拜。由是而觀，七人均曾師事三峰，惟張松溪、張翠山傳者，名十三式耳。

或曰：三峰係宋徽宗時人，值金人入寇，彼以一人殺金兵五百餘，山陝人民慕其勇，從學者數十百人，因傳其技於陝西。

元世祖時，有西安人王宗岳者得其真傳，名聞海內，著有《太極拳論》、《太極拳解》、《行功心解》、《搭手歌》、《總勢歌》等。溫州陳州人多從之學，由是由山陝而流傳於浙東。

又百餘年有海鹽張松溪者，在派中最為著名（見《寧波府志》），後傳其技於寧波葉繼美近泉。近泉傳王征南來咸，清順治中人。征南為人，勇而有義，在明季可稱獨步。黃宗羲最重征南（其事蹟見《遊俠佚聞錄》），征南死時，曾為作墓誌銘。黃百家主一，為傳內家拳法，有《六路長拳》、《十段錦》等歌訣。

征南之後又百年，始有甘鳳池，此皆為南派人士。其北派所傳者，由王宗岳傳河南蔣發，蔣發傳河南懷慶府陳家溝陳長興。其人立身常中正不倚，形若木雞，人因稱之為牌位先生。子二人，曰耿信、曰紀信。時有楊露禪先生福魁者，直隸廣平府永年縣人，聞其名，因與同里李伯魁共往師焉。

初至時，同學者除二人外皆陳姓，頗異視之。二人因互相結納，盡心研究，常徹夜不眠。牌位先生見楊之勤學，遂盡傳其秘。楊歸傳其術遍鄉里，俗稱為軟拳，或化拳，因其能避制強硬之力也。嗣楊遊京師，客諸府邸，清親貴王公貝勒多從授業焉，旋為旗營武術教師。

有子三，長名錡，早亡；次名鈺，字班侯；三名鑑，字健侯，亦曰鏡湖，皆獲盛名。余從鏡湖先生游有年，諗其家世，有子三人。長名兆熊，字夢祥；仲名兆元，早亡；叔名兆清，字澄甫。班侯子一，名兆鵬，務農

於鄉里。當露禪先生充旗營教師時，得其傳者蓋三人：萬春、凌山、全佑是也。一勁剛，一善發人，一善柔化。或謂三人各得先生之一體，有筋骨皮之分。旋從先生命，均拜班侯先生之門稱弟子云。

有宋書銘者，自云宋遠橋後，久客項城幕，精易理，善太極拳術，頗有所發明。與余素善，日夕過從，獲益匪鮮，本社教員紀子修，吳鑒泉、劉恩綬、劉彩臣、姜殿臣等多受業焉（吳為全佑子，紀常與凌君為友）。

李先五《太極拳》第一章源流

國術之起源不可考，在黃帝戰蚩尤時，已有器械之發明。至於六藝之射御，詩經言拳勇，禮記言角力，似為國術較早之起源。厥後華氏代之五禽戲，遂為姿勢運動之濫觴焉。

梁天監中，達摩振錫南來，在嵩山少林寺面壁九年，而悟健軀殼、靜靈魂之術，創《易筋》、《洗髓》二經及十八法手式。後覺遠上人將十八法散式化為整式，增至七十二手法。覺遠猶以為未足，乃訪白玉峰，邀歸少林。融會舊時宗法，和以古來技擊及華佗氏之五禽戲，增至百七十餘手，分龍、虎、豹、蛇、鶴五拳，刀、劍、槍、棍寓於其中，名曰少林拳，或稱外家拳。

宋（或云元末明初，尚待考證，姑為存疑）有張三峰者，隱於武當山，嘗採各家拳術之長，融化推闡為長拳，曰武當拳，或稱內家拳。考太極拳之流派，大別有五，述之於後：

許氏所傳

許宣平，安徽歙縣人。隱城陽山，結廬南陽，辟穀。身長七尺六寸，髯長至臍，髮長至足，行如奔馬。每負薪賣於市中。李白訪之不遇，題詩於望仙橋而回。

其所傳太極拳術名三世七，蓋指三十七式而名之。此拳應一勢練成再

練一勢，萬不能心急齊用。至三十七式，卻無論何式先，何式後，只要將式練成，自然三十七式相繼不斷，一氣貫成，故又謂之長拳。訣有八字：掤、攦、擠、按，四正方也。採、挒、肘、靠，四隅也。

八字歌

掤、攦、擠、按世間稀，十個藝人十不知，若能輕靈並堅硬，粘連黏隨俱無疑。

採、挒、肘、靠更出奇，行之不用費工夫，果得粘連黏隨字，得其環中不支離。

三十七式心會論

腰脊為第一主宰，喉頭為第二主宰，心為第三主宰；丹田為第一之賓輔，手指為第二之賓輔，手掌為第三之賓輔。

三十七式周身大用論

一要性（心）定與意靜，自然無處不輕靈；二要遍身氣流行，一定繼續不能停；三要喉頭永不拋，問盡天下眾英雄。

十六關要論

活潑於腰，靈機於頂，神通於背，氣沉丹田。行之於腿，蹬之於足，運之於掌，繞之於指，斂之於髓，達之於神，凝之於耳，息之於鼻，呼吸往來於口，縱之於膝，渾噩一身，全體發之於毛。

功用歌

輕靈活潑求懂勁，陰陽既濟無滯病，若得四兩撥千斤，開合鼓蕩主宰定。

俞氏所傳

俞氏安徽涇陽人。得唐李道子所傳太極拳，名先天拳。道子江南人，居武當山南岩宮，不火食，第日啖麥麩數合，人稱之為夫子李云。

俞氏傳俞清慧、俞一誠，繼傳俞蓮舟、俞岱岩等。

拳式與三世七同，並授有歌訣，錄之於後：

無影（形）無象，全身透空，應物自然，西山懸磬；虎吼猿鳴，水靜河清，翻江播海，盡性立命。

程氏所傳

程靈洗字元滌，安徽歙縣人。侯景之亂，唯歙縣得保全，皆靈洗力也。其拳術為韓拱月所授，再傳至程珌。珌精易理，將太極拳改為小九天、手法共十四勢，有用功五志、四性歸原歌等。

用功五志

博學，審問，慎思，明辨，篤行。

四性歸原歌

世人不知己之性，何人得知人之性，物性亦如人之性，至如天地亦此性。我賴天地而存身，天地無物不成形，若能先求知我性，天地授我偏獨靈。

殷氏所傳

殷氏所傳太極拳名後天法，傳揚州胡鏡子，鏡子再傳安州宋仲殊。其所傳後天法共十七式，雖與太極拳名目不同，而其功用則一也。

辯曰：上所錄許、俞、程、殷四家之傳及拳譜，必出於宋書銘。觀許禹生書中，有宋書銘自云宋遠橋後，又為袁世凱幕客，則其人必略識文

墨，故附會古籍，造作師承，偽撰歌譜以自神其術也。觀許宣平諸歌訣，多襲用王宗岳拳譜，並襲武禹襄語（如「開合鼓蕩主宰定」，此襲用武氏語）。其作偽之跡甚明。考許宣平事，見宋計有功《唐詩記事》本末。然謂許傳太極拳，則自古無此說也。

程靈洗事，見《陳書》及《南史》。史只謂少以勇力聞，步行日二百里，便騎善遊，不言其得拳技之傳於韓拱月也。程珌乃宋光宗紹熙四年進士，其所著為《洺水集》。許氏注中稱紹興中進士，及著有《洛水集》皆誤。又程珌擅武技之說，載籍所無，牽強依託，尤可哂也。俞氏及殷利亨等諸人，荒渺無稽，真子虛烏有之流矣。予聞宋書銘之太極拳架頗近楊氏（周秀峰曾言之，後問龔潤田，其說亦同周君）。

中央國術館六週年紀念特刊中，《太極拳考證》三有云：此為太極拳第三考證，其譜亦為吳峻山先生所珍藏，一為唐朝許宣平所傳，授之宋遠橋。初名卅七式，動作名稱與今之楊氏太極，十九相同。然則李先五《太極拳》第五章三十七式之名目，當即宋書銘所傳為出於許宣平者，其名目幾乎全同楊氏譜，只刪去其重複之名目。然則宋書銘之太極，仍為楊氏之傳，特諱其所自來，而作偽以欺人耳。

七、辨武當劍太極八卦歸一譜

太極八卦考證二

（上略）吳峻山先生出所藏劍譜示余，題為《武當劍太極八卦歸一》，附圖解說明等字樣。細讀過，如獲異寶。蓋此譜首為習斯劍之丁齊銳君序文，及傳斯劍之宋唯一先生自序，詳述學劍之始末。中為原本，錄自其師者，如武當九字之原（源）流，內家劍之真諦，劍訣八歌，五勢擊刺格洗諸法，八場劍法之次序，上中下三乘之步驟，末附歷代授受者之姓

氏。理法深邃，證據確鑿，古香古色，斷非近人虛構。

從此不唯證實太極八卦皆為張三豐一人所發明，即武當劍術，亦完全由太極八卦中所化出。緣治技若（震按，此「若」字，似為「者」之誤）無不先精拳法，而後始能習器械，斷無其人毫不知拳而獨精劍術者。茲錄其遞嬗之系統，受者姓名籍貫道號，暨其古風偈詩，以為習太極八卦者之考證。

一、祖師洞玄真人，本名張全一，又名君實，關外懿州人。在武當山養靜，練習拳劍，結庵玉虛宮，故稱玉虛子，又稱三豐子云。

三豐拳劍傳與張松溪，河南登封縣人，在嵩山養靜，道號丹崖子。後隱浙東，傳之溫台各屬，是為第一代。

松溪傳趙大斌，山東泰安人，在泰山養靜，道號丹雲山樵，為第二代。

大斌傳王九成，湖北均縣人，在武當山養靜，道號武當丹緒，此為第三代。

九成傳顏昔聖，湖南衡山縣人，在衡山養靜，道號完丹叟，為第四代。

昔聖傳呂十娘，浙江鄞縣人，在四明山養靜，道號丹霞客，為第五代。

十娘傳李大年，陝西華陰縣人，在四明山養靜，道號金丹赤子，為第六代。

大年傳陳蔭昌，安徽人，在九摩山養靜，道號丹雲旅者，為第七代。

蔭昌傳野鶴道人，一名避月俠，或曰白髮老人，姓名籍貫未詳，道號還丹子。蔭昌又傳避燈俠，姓名未詳，養靜九華山。此二人為第八代。

野鶴道人傳宋德厚，字唯一，奉天北鎮仙人（震按，「仙」字當作「山」）人。在醫巫閭山養靜，道號飛丹九子兒，又號雪上無蹤。唯一卒於民國十四年冬間。避燈俠傳董海川，順屬文安縣朱家塢人，養靜九華

山。海川卒於光緒六年冬。海川、唯一為第九代。

唯一初傳張驤伍先生，後傳李芳辰、蔣馨山兩先生，即近世盛行之武當劍法。峻山先生此譜得之于驤伍先生，係宋唯一先生所密授。海川先生傳之尹德安、程廷華、馬維祺、劉鳳春、梁振普、劉德寬、李存義、史六、張占魁，為第十代。

峻山先生則為劉德寬先生之入室弟子，今已近杖朝之年，其為人道（德）高望重，八卦太極深入化境，所言絕非向壁虛構，而驤伍先生知之尤詳。丁齊銳君尚在陝西任職，其他近代之治八卦太極者，已另有記載。

附古風偈詩：

先師武子妙法篇，留傳王禪鬼谷仙，後來七國度孫臏，隱秘玉虛在水簾。三千載來逢高士，有緣有分餘英賢，無福之輩休談論，萬兩黃金貴莫言。

辯曰：上文見《中央國術館六週年紀念特刊》，題下不署作者之名。

譜則吾未之見，但觀宋唯一之序授受，言張三豐直授張松溪，無論與太極拳無涉，即與內家拳之傳說亦不合也。自張松溪以後各代名字，任意造作，亦無不可。唯據楊家《太極拳各藝要義》（即黃文叔所編），蔣馨山序中有云：甲子秋，余從先師宋唯一受教時，談及太極拳之意義，則不知有太極拳之名，質之演練太極拳者，則不知有武當劍之名。據此，則無論此譜是真是偽，與太極拳本不相涉，以此譜附會太極，尚非宋唯一所為，蓋張驤伍、丁齊銳等所為耳。吾意宋唯一所授之拳，不知果為何術，至其自序一篇，或尚為假託。

序中言張三豐授張松溪乃襲用宋書銘之說，觀辨許、俞、程、殷太極拳篇所錄許禹生之文自明，以前於此者，如黃宗義、黃百家、王士禎之言，及《寧波府志》所載，未有謂張松溪之技，直受諸張三豐也。

國家圖書館出版品預行編目資料

太極拳譜理董 辨偽合編／徐震著
——初版，——臺北市，大展，2012〔民101.09〕
面；21公分，——（徐震文叢；5）
ISBN 978-957-468-896-8（平裝）
1.太極拳
528.972　　101013429

太極拳譜理董 辨偽合編

著　　者／徐　　震
責任編輯／王　躍　平
發 行 人／蔡　森　明
出 版 者／大展出版社有限公司
社　　址／台北市北投區（石牌）致遠一路2段12巷1號
電　　話／(02) 28236031・28236033・28233123
傳　　真／(02) 28272069
郵政劃撥／01669551
網　　址／www.dah-jaan.com.tw
E-mail ／service@dah-jaan.com.tw
登 記 證／局版臺業字第2171號
承 印 者／傳興印刷有限公司
裝　　訂／建鑫裝訂有限公司
排 版 者／千兵企業有限公司
授 權 者／山西科學技術出版社
初版1刷／2012年（民101年）9月

定　價／150元

大展好書　好書大展
品嘗好書　冠群可期

大展好書　好書大展
品嘗好書　冠群可期